DARIO ERA O NOVO REI DA BABILÔNIA E SELECIONOU 120 PRÍNCIPES PARA CUIDAR DO REINO. ESSES PRÍNCIPES SERIAM COMANDADOS POR TRÊS PRESIDENTES.

UM HOMEM CHAMADO DANIEL FOI ESCOLHIDO PARA SER UM DOS PRESIDENTES. MUITO HONESTO E TRABALHADOR, ELE CONQUISTOU A CONFIANÇA DO REI GRAÇAS À SUA LEALDADE.

DANIEL AJUDAVA A
ADMINISTRAR AS NECESSIDADES
DO REINO. O REI GOSTAVA
MUITO DELE E APRECIAVA O
SEU TRABALHO, O QUE PASSOU A
CAUSAR INVEJA NOS PRÍNCIPES.

COM O TEMPO, OS PRÍNCIPES
PERCEBERAM QUE DANIEL FICAVA
CADA VEZ MAIS POPULAR. ENTÃO, ELES
DECIDIRAM ACUSAR DANIEL DE ALGO,
MAS NÃO ENCONTRAVAM NADA DE ERRADO.

MUITO DEVOTO A DEUS, DANIEL DIVIDIA SEU TEMPO ENTRE ORAÇÕES E O TRABALHO PARA O REI, QUE NADA DESCONFIAVA EM RELAÇÃO AO PLANO DOS PRÍNCIPES.

FOI ENTÃO QUE OS PRÍNCIPES DECIDIRAM USAR A FÉ CONTRA DANIEL. "NINGUÉM É MAIS IMPORTANTE QUE O REI, ASSIM, DEVE-SE PROIBIR QUE QUALQUER PESSOA FAÇA PEDIDOS PARA DEUS OU QUALQUER HOMEM QUE NÃO SEJA O REI", DISSERAM OS PRÍNCIPES AO REI DARIO.

CONVENCIDO, DARIO ASSINOU
O DECRETO. ASSIM, QUALQUER
PESSOA QUE DESOBEDECESSE À
NOVA ORDEM SERIA JOGADA EM
UMA COVA DE LEÕES.

AO SABER DO DECRETO, DANIEL
ENTROU EM SUA CASA E ALI SE
PÔS DE JOELHOS A REZAR, COMO JÁ
COSTUMAVA FAZER TODOS OS DIAS.

OS HOMENS QUE TRAMAVAM CONTRA
DANIEL ESPIONAVAM PELA JANELA.
AO VEREM DANIEL EM POSTURA DE PRECE,
FIZERAM UMA DENÚNCIA AO REI. "ELE O
DESOBEDECE!", DISSERAM A DARIO.

O REI DARIO ORDENOU QUE,
ENTÃO, FOSSE CUMPRIDA A LEI.
EM SEU CORAÇÃO, NO ENTANTO,
JUROU FAZER O QUE FOSSE
POSSÍVEL PARA SALVAR DANIEL.

FORAM TODOS ÀS MARGENS DA
COVA ONDE ESTAVAM OS LEÕES
E, FAZENDO VALER O DECRETO,
ALI ATIRARAM DANIEL. "O DEUS
A QUEM VOCÊ SERVE TE LIVRARÁ",
DISSE O REI PARA DANIEL.

UMA GRANDE PEDRA FOI POSTA SOBRE A COVA, COBRINDO SUA ENTRADA E O REI E SEUS SERVOS VOLTARAM AO PALÁCIO. TRISTE, O REI NÃO CONSEGUIU DORMIR.

E ENTÃO, PELA MANHÃ, O REI FOI
AO LOCAL DA COVA E CHAMOU POR
DANIEL. "DANIEL, SERVO DE DEUS,
PODE ELE TER-TE LIVRADO DOS LEÕES
E SALVADO SUA VIDA?", PERGUNTOU.

"Ó, REI!", OUVIU DARIO EM RESPOSTA. "DEUS ME ENVIOU UM ANJO E FECHOU A BOCA DOS LEÕES, POIS SOU INOCENTE! NÃO COMETI DELITO CONTRA ELE OU CONTRA TI". ERA A VOZ DE DANIEL.

O REI ORDENOU QUE TIRASSEM
DANIEL DA COVA; ELE ESTAVA
SEM NENHUM ARRANHÃO, POIS FORA
PROTEGIDO POR DEUS.

POR FIM, DARIO DECRETOU QUE TODOS OS HOMENS FOSSEM FIÉIS AO DEUS DE DANIEL, PARA TODO O SEMPRE. "ELE SALVA, LIVRA E OPERA SINAIS E MARAVILHAS NO CÉU E NA TERRA!"